Bibliografische Information der Deutschen Nationalbibliothek:

Die Deutsche Bibliothek verzeichnet diese Publikation in der Deutschen National-
bibliografie; detaillierte bibliografische Daten sind im Internet über http://dnb.d-
nb.de/ abrufbar.

Impressum:

Copyright © 2015 GRIN Verlag, Open Publishing GmbH
Druck und Bindung: Books on Demand GmbH, Norderstedt Germany
ISBN: 9783668215832

Dieses Buch bei GRIN:

http://www.grin.com/de/e-book/322412/die-multimediale-online-befragung-eine-
adaequate-alternative-der-datenerhebung

Insa Genausch

Die multimediale Online-Befragung. Eine adäquate Alternative der Datenerhebung?

GRIN Verlag

GRIN - Your knowledge has value

Der GRIN Verlag publiziert seit 1998 wissenschaftliche Arbeiten von Studenten, Hochschullehrern und anderen Akademikern als eBook und gedrucktes Buch. Die Verlagswebsite www.grin.com ist die ideale Plattform zur Veröffentlichung von Hausarbeiten, Abschlussarbeiten, wissenschaftlichen Aufsätzen, Dissertationen und Fachbüchern.

Besuchen Sie uns im Internet:

http://www.grin.com/

http://www.facebook.com/grincom

http://www.twitter.com/grin_com

Georg August Universität Göttingen

Sozialwissenschaftliche Fakultät

Seminar: Erhebungsmethoden

Sommersemester 2015

Die multimediale Online-Befragung

Eine adäquate Alternative der Datenerhebung?

Insa Genausch

12. Oktober 2014

Soziologie und Sozial- und Wirtschaftspsychologie

10. Semester

Inhaltsverzeichnis

In der folgenden Hausarbeit wird zur Erleichterung der Lesbarkeit in den Fällen, in denen sowohl männliche als auch weibliche Personengruppen gemeint sind, in der Regel nur die männliche Bezeichnung verwendet.

1 Einleitung

Online-Befragungen gehören längst zu den gängigen Datenerhebungsmethoden der empirischen Sozialforschung, nicht zuletzt weil sie hinsichtlich der Standards ihrer Datengüte ein zufriedenstellendes Ergebnis erzielen (Fuchs/Funke: 2009: 159). Vornehmlich wird auf eine rein schriftliche Befragungsform gesetzt, obwohl längst die technischen Voraussetzungen für den Einsatz multimedialer Elemente (Videoclips, Bilder, Ton) bestehen und damit die Möglichkeit steigt auf eine weitere Dimension der Messung zu gelangen, die mit der klassischen selbstadministrierten Befragungen oder aber einer persönlichen Befragung unmöglich scheint.

Daneben resultieren eine noch bisher überschaubare Anzahl an Forschungen zum Einsatz dieses erweiterten Befragungsinstruments und seinem Einfluss auf die Qualität der erhobenen Daten (vgl. Nass et al. 2005; Couper et al. 2003; Fuchs, Funke 2009).

Die vorliegende Arbeit beschäftigt sich demnach mit den feld-experimentellen Studien von *Fuchs & Funke* (2009) sowie ergänzend mit einem, im Seminar „Erhebungsmethoden" entstandenen Experiment 2013. In beiden Untersuchungsdesigns wird sich mit den Methodeneffekten und Antwortverzerrungen in multimedialen Webbefragungen beschäftigt. Konkretes Ziel war es herauszufinden, inwieweit die Einbindung von Video- und Audio-gestützten Fragen, unter Kontrolle herkömmlicher text-basierter Befragungen die kognitive Aufmerksamkeit des Teilnehmenden erhöht wird und somit Auswirkungen auf die Güte der Antwortabgabe hat. Darüber hinaus wurde mittels einzelner *heikler* Befragungs-Items überprüft, ob die digitale Anwesenheit des Interviewers im Video eine Antwortverzerrung beim Befragten hervorruft, hinsichtlich der Effekte von *sozialer Präsenz, sozialer Erwünschtheit* und dem damit einhergehenden *Underreporting* sensitiver Informationen.

Die Gemeinsamkeiten und Unterschiede der verschiedenen Forschungsdesigns als auch deren Erkenntnisse sollen diskutiert und letztendlich klären, ob die multimediale Web-Befragung eine adäquate Alternative zur klassischen textbasierten Online-Befragung verspricht. Außerdem tragen sie damit einen Beitrag zur Forschungslücke bei.

2 Theoretische Grundlagen

Für die inhaltliche Auseinandersetzung der Experimente bedarf es vorab einer Erläuterung der relevanten theoretischen Grundlagen, hinsichtlich der Online-Befragungen in der empirischen Sozialforschung, die in den Experimenten nachfolgend von Bedeutung sind. Dabei sollen ihre wesentlichen Merkmale kurz dargestellt und Unterschiede von anderen Befragungsformen abgegrenzt werden. Darüber hinaus wird auch ein Blick auf die Stärken und Schwächen der internetgestützten Datenerhebungstechnik verwendet, da letzteres auf die Methodeneffekte einzahlt, die in unseren Experimenten maßgeblich im Fokus stehen. Daran anschließend findet der kognitive Aufgabenbeantwortungsprozess Berücksichtigung sowie die zentralen Effekte der Antwortverzerrung.

2.1 Online-Befragung

Die Online-Befragung oder *Web-Survey* ist eine internetgestützte Befragungsmethode in der quantitativen Datenerhebung der empirischen Sozialforschung, die im Zeichen der digitalen Revolution Ende der 80er Jahre bei Experten als auch privaten Nutzern zunehmend an Bedeutung gewinnt (Smyth/Pearson 2011: 11f.). In Form von HTML und PHP programmierten Webseiten lösen sie die Frageform per E-Mail ab. Bis heute hat sich ein großes Angebot an ausgereiften Softwarelösungen zur digitalen Fragebogenerstellung auf dem Markt entwickelt (ebd. 2011: 12).

Das Ausfüllen eines Online-Fragebogens im Internet Browser bietet viele innovative Möglichkeiten gegenüber Befragungen mit herkömmlichen Papierfragebögen oder Face-to-Face Interviews, die nicht unwesentlich sind für unsere Untersuchungen (Mayer 2013: 104). Obwohl die Vorzüge stets in Abhängigkeit von den Spezifika des Forschungsthemas oder der Zielgruppen stehen – lassen sich generelle Chancen vermerken:

- Web-Befragungen ermöglichen nennenswerte Kosteneinsparungen hinsichtlich regulärer Interviewpersonal- und Reisekosten, Print-, Porto- oder Telefongebühren (Smyth/Pearson 2011: 14)
- Komplexe Forschungsprojekte lassen sich durch die intelligente Software der detaillierten Filterführung, Plausibilitätstests, automatischen Einbeziehung von Angaben vorheriger Befragungen gut und schnell realisieren (Smyth/Pearson 2011: 15).
- Es bestehen weder geografische Einschränkungen noch zeitliche Gebundenheiten bei der Beantwortung seitens der Befragten (Smyth/Pearson 2011: 14; Mayer 2013: 105).

- Alle Daten können nahezu in Echtzeit digital erfasst werden und stehen zur Auswertung sofort auf dem Server zur Verfügung (Mayer 2013: 105).

- Selbst Fehlerkorrekturen können in der frühen Feldphase vorgenommen werden, im Gegensatz zu Papierfragebögen, die unveränderbar bleiben, sobald sie gedruckt sind.

- Ebenfalls in der wissenschaftlichen Literatur als Vorteil gelistet ist die erweiterte Befragungsdimension durch den Einsatz von Film- und Audioelementen, die allerdings neben ihrem Potenzial auch negative Methodeneffekte mit sich bringen, die noch in den Mittelpunkt der Betrachtung dieser Hausarbeit geraten.

In diesem Sinne bergen die innovativen, technischen Möglichkeiten der Web-Befragungen gleichzeitig einige primäre Fehlerquellen, die nicht unberücksichtigt bleiben dürfen:

- Allen voran zählt der Stichprobenfehler zu den meist zitierten Nachteilen. Gemeint ist die mangelnde Reichweite der Internetzugänge und Internetnutzung in der Gesamtbevölkerung (Taddicken 2008: 4806). Denn die Auswahlgesamtheit kann maximal aus allen Internetnutzern bestehen, die in Deutschland trotz steigender Werte immer noch nicht überdurchschnittlich stark vertreten sind (Eimeren et al. 2004: 351 in Taddicken 2008: 4806). Allerdings wird vermutet, dass die Internetreichweite vergleichbar zur Ausweitung des Telefons weiter ansteigt (Taddicken 2008: 4807).

- Aufgrund der fühlbaren Anonymität und *sozialer Entkontextualisierung* in der Online-Umgebung tritt eine erhöhte Abbruchquote auf, sodass meist finanzielle Anreize gesetzt werden, um die Motivation zur vollständigen Beantwortung der Fragen zu erzielen. Dies hat jedoch zur Folge, dass die Probanden mehrmals an der Befragung teilnehmen, solange dem nicht durch die Vergabe von Passwörter et cetera entgegengewirkt wird (Mayer 2013: 105).

Diese kurze Auflistung schafft ein erstes Verständnis für mögliche Chancen und zukünftige Herausforderungen in der Durchführung von Online-Befragungen und zahlt damit stückweit auf zu berücksichtigende Eigenschaften in den nachfolgenden Untersuchungen ein.

Da sich die Experimente im Wesentlichen auf die Antwortverzerrungen der Befragten konzentrieren, wird zum Verständnis vorab der kognitive Item-Beantwortungsprozess nach *Podsakoff et al.* (2003) vorgestellt, um dann inhaltlich tiefer in die spezifischen Befragteneffekte einzusteigen und deren Ursachen nachzuvollziehen.

2.2 Kognitive Stadien bei der Aufgabenbeantwortung

Gemäß *Podsakoff et al.* (2003) durchläuft jeder Befragte bei der Beantwortung der Fragebogenitems die folgenden, in der *Abbildung 1* dargestellten kognitiven Stadien:

Verständnis	Abruf	Urteil	Antwort-wahl	Antwort-abgabe

Abbildung 1: Kognitive Stadien bei der Aufgabenbeantwortung (Podsakoff et al. 2003)

1) *Verständnis*: Im ersten Stadium richtet sich die Aufmerksamkeit des Probanden auf das Item. Die Voraussetzung hierbei ist, dass er den Aufgabeninhalt sowie die Instruktion versteht (Jonkisz et al. 2012: 58).

2) *Abruf:* Nach der kognitiven Verständnisaufnahme folgt nun der Abruf von Informationen aus seinem Langzeitgedächtnis (Jonkisz et al. 2012: 58).

3) *Urteil*: Anschließend werden alle abgerufenen Informationen vom Probanden hinsichtlich ihrer Vollständigkeit und Richtigkeit bewertet und für ein Urteil ausgewählt (Jonkisz et al. 2012: 58).

4) *Antwortwahl*: Im Folgenden prüft der Proband die vorgegebenen Antwortmöglichkeiten und sucht nach der optimalen Abbildung seines Urteils (Jonkisz et al. 2012: 58).

5) *Antwortabgabe*: Abschließend wird die inhaltliche Übereinstimmung zwischen der getroffenen Entscheidung und der tatsächlichen Abgabe der Antwort (Kreuz auf dem Fragebogen) vom Probanden überprüft (Jonkisz et al. 2012: 58).

In jedem dieser Prozessschritte können vom Befragten intendierte und nicht-beabsichtigte Fehler induziert werden, die die Antwortqualität beeinflussen. Sei es durch eine negative Stimmungs- oder Motivationslage, globale Meinungsbildungen oder permanent neutrale Antworttendenzen.

Insbesondere im letzten wichtigen Stadium verändern einige Probanden speziell bei heiklen Items ihre tatsächliche Meinung zugunsten einer sozial erwünschten Antwortabgabe, um positiv dazustehen (Jonkisz et al. 2012: 58).

Dieses Phänomen der *sozialen Erwünschtheit* wird im nachfolgenden Abschnitt detailliert erläutert, da es eine wichtige Einflussgröße in unseren experimentellen Untersuchungen mit multimedialen Befragungselementen einnimmt. Außerdem werden darüber hinaus die Befragteneffekte der *sozialen Präsenz* und *subjektiven Anonymität*, der *sozialen*

Entkontexutualisierung sowie *das Optimizing-Satisficing-Modell* erklärt, als Verständnisgrundlage für die nachfolgende Auseinandersetzung der Studien.

2.3 Soziale Erwünschtheit

Soziale Erwünschtheit beschreibt das Bedürfnis nach sozialer Anerkennung als internalisiertes Persönlichkeitsmerkmal oder die situationsspezifische Verhaltensäußerung in einer Datenerhebung, indem tatsächliche Sachverhalte verschwiegen oder beschönigt werden, weil seitens Probanden eine persönliche Konsequenz gefürchtet wird (Schnell , Hill, Esser 2011: 348). Infolgedessen werden stets Meinungen und Einstellungen geäußert, von denen die Befragten annehmen, sie würden mit den sozialen Normen und Werten der Gesellschaft übereinstimmen. Aussagen, die auf „soziale Ablehnung" stoßen, werden gemieden (Jonkisz et al. 2012: 59).

Sozial erwünschtes Antwortverhalten steht demzufolge immer in engem Zusammenhang mit Werten und Normen der Öffentlichkeit. Gemäß *Kluckhohn* (1951) definieren sich Werte als „zeitlich relativ stabile Vorstellungen und Konzeptionen einer Person oder Gruppe über Wünschenswertes", die bei der Selektion von Handlungszielen und Entscheidungsalternativen relevant werden (Kluckhohn 1951: 295).

Popitz (1980) verstärkt den Zusammenhang von *sozialer Erwünschtheit* und Werten, indem er sie als „soziale Verhaltensregelmäßigkeiten" deklariert, die unter abweichendem Verhalten mit negativen Sanktionen geahndet werden. Denn erst wenn Abweichungen sanktioniert werden, liegt eine soziale Norm vor. Demnach muss eine bestimmte Öffentlichkeit durch eine zweite Person in der Situation anwesend sein, die das abweichende Verhalten missbilligt (Popitz 1980: 20 ff.).

Gemessen an der Befragungssituation ist der Effekt der *sozialen Erwünschtheit* somit in face-to-face Interviews stärker als in schriftlichen Datenerhebungsmethoden (Jonkisz et al. 2012: 59).

Daran anknüpfend werden nun der Effekt der *sozialen Präsenz* sowie die *subjektive Anonymität* erläutert, die auf die *soziale Erwünschtheit* einzahlen.

2.4 Soziale Präsenz und subjektive Anonymität

Der Wortbedeutung nach basiert die Theorie der *sozialen Präsenz* auf dem Grad der empfundenen menschlichen Nähe beziehungsweise dem „Zugegensein" einer weiteren Person (Taddicken 2008: 87 in: Mühlenfeld 2004: 47). Die Ausprägung des Präsenzgefühls ist stark davon abhängig, wie intensiv und über wie viele verfügbare Kommunikationskanäle (visuell, auditiv, taktil, olfaktorisch, gustatorisch) interagiert wird (ebd. 2006: 88). So geht aus den zusätzlich neben dem Textkanal bestehenden Kommunikationskanälen, eine große Relevanz für die wahrgenommene soziale Anwesenheit hervor: Für unseren Kontext der computervermittelten Kommunikation bedeutet das vor allem eine forcierte *soziale Präsenz* über den visuellen und auditiven Kanal. Wobei gemäß *Taddicken* (2008) eine Online-Befragung in Abhängigkeit der verfügbaren Kanäle, nachweislich einen geringen Effekt aufweist gegenüber der schriftlichen, telefonischen und persönlichen Kommunikation (Taddicken 2008: 86 ff.).

Rangfolge	Text-kanal	Visueller Kanal	Auditiver Kanal	Taktiler Kanal	Olfaktorischer Kanal	Gustatorischer Kanal
1. persönliche Kommunikation	+	+	+	+	+	+
2. telefonische Kommunikation	+	–	+	–	–	–
3. schriftliche Kommunikation	+	+ / –	–	+	+ / –	–
4. computervermittelte Kommunikation	+	+ / –	–	–	–	–

+ = Kanal verfügbar; – = Kanal nicht verfügbar; + / – = Kanal teilweise verfügbar

Abbildung 2: Kommunikationskanäle (Taddicken 2008: 86)

Mit der empfundenen *sozialen Präsenz* geht das Gefühl der *subjektiven Anonymität* einher, das in seiner Ausprägung ebenfalls im Zusammenhang mit der Anzahl der verschiedenen Kommunikationskanäle steht. Sofern wenig Kommunikationskanäle genutzt werden, erhöht sich die empfundene *subjektive Anonymität* des Befragten, bei gleichzeitig gering wahrgenommener *sozialer Präsenz* (Taddicken 2013: 212). Eine anonyme Situation charakterisiert sich durch fehlendes Wissen über den Befragten. Bei einer face-to-face Kommunikation findet zumindest augenscheinlich eine gegenseitige körperliche Identifizierung statt, hingegen dies bei der cvK (computervermittelte Kommunikation) ausbleibt und lediglich eine nicht-reale „mediale Präsentation des Selbst" erfolgt (Taddicken 2008: 96). Die Antworten des Probanden werden weder mit einer Reaktion seitens des Befragers erwidert, noch im heiklen Fall sanktioniert (ebd. 2006: 96). Dieser Anonymitätseffekt hängt mit einem dritten Webbefragungsspezifischen Effekt zusammen: Die sogenannte *soziale Entkontextualisierung*.

2.5 Soziale Entkontextualisierung

Informationen zum Kommunikationspartner sowie zur gemeinsamen Befragungssituation werden in der Methoden-Literatur unter „soziale Kontexthinweise" zusammengefasst. Gemeint sind statische Informationen, wie das äußerliche und persönliche Erscheinungsbild der Gesprächspersonen sowie die umgebene Räumlichkeit, als auch variable Informationen, die sich aus dem nonverbalen Verhalten des Gegenübers in der Kommunikation ergeben. Hinsichtlich dieser Aspekte, vor allem bezüglich letzterem, wird bei einer cvK von einer deutlichen „Reduktion" sozialer Kontexthinweise ausgegangen (Taddicken 2008: 114).

Dem Modell von *Kiesler & Sproull* (1986) lassen sich für die situative Informationsarmut drei wichtige Konsequenzen für die Qualität der Datenerhebung entnehmen (Kiesler/Sproull 1986: 1496):

- Durch das Ausbleiben einer wahrhaftigen Präsenz des Befragers bleiben die textbezogenen Informationen vordergründig. Der Gesprächsinhalt wird seitens Befragtem aufmerksamer fokussiert (Taddicken 2008: 116).

- Darüber hinaus besagt der Ansatz, dass die soziale Orientierung in der cvK geringer ausgeprägt ist, insbesondere durch Reduzierung statischer Hinweise mit Blick auf die Indikatoren von Status, Macht und Führung des Gegenübers. So entfallen soziale und normative Hemmungen und somit eventuelle dem Status des Gesprächspartners entsprechend konsistente Antworten (Kiesler/Sproull 1986: 1297f.).

- Mit der gering ausgeprägten *sozialen Orientierung* geht auch der Effekt einer geringen *soziale Konformität* in der cvK einher. Da die Befragungssituation kein direktes Feedback vor allem über dynamische Informationen wie Lächeln, Kopfschütteln oder Augenkontakt zulässt, verspürt der Befragte keine unmittelbare regulierende oder normative Einflussgröße auf seine Antwort (Kiesler/Sproull 1986: 1297f.).

Das nachfolgende Modell von *Krosnick* (1999) dient als ergänzender Erklärungsansatz zu den eben aufgeführten Effekten der Online-Befragungen. Mit seiner Kategorisierung des *Optimizing* und *Satisficing* widmet er sich den kognitiven Prozessen der Befragten und den unterschiedlichen resultierenden Antwortqualitäten.

2.6 Optimizing-Satisficing-Modell

Krosnick (1999) unterscheidet grundsätzlich zwei Motivmuster von denen sich die Probanden während einer Testung leiten lassen können:

Charakteristisch für das sogenannte *Optimizing* sind positive Beweggründe, die den Befragten zu einer sorgfältigen und gründlichen Bearbeitung des Fragebogens animieren. Dies können beispielsweise das eigene Selbstbild, zwischenmenschliche Verantwortung, soziale Werte wie Altruismus oder der Wille zu helfen, sein. Auch eine Belohnung kann positive Auswirkungen auf die Qualität des Antwortverhalten haben (Jonkisz et al. 2012: 57).

Im Kontrast dazu steht das *Satisficing*, in dem der Proband beiläufig und oberflächlich an der Befragung teilnimmt, weil er dazu verpflichtet ist. Das Dilemma dabei ist, die Anstrengungsvermeidung bei gleichzeitiger Bewältigung von Aufgaben mit hohem kognitivem Anspruch (ebd. 2012: 57). Laut *Krosnick* (1987) sind die Ursachen dafür eine kognitive Über- oder Unterforderung durch die Befragung, daraus resultierende Langeweile oder schlichtweg kein Interesse am Forschungsthema.

Vor allem der Effekt des *Satisficing* dient als argumentative Basis für den Einsatz multimedialer Befragungselemente.

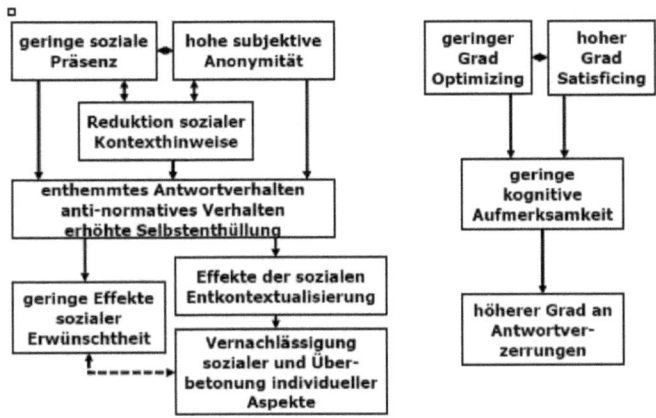

Abbildung 3: Kausalkette der Antwortverzerrungen. In Anlehnung an Taddicken (2008)

Abbildung 3 verdeutlicht abschließend alle vorangegangenen Methodeneffekte, die in der dargestellten Abfolge in den nachfolgenden Experimenten angenommen werden.

3 Experiment von Fuchs und Funke

Als Verfechter von multimedialen Fragekonzepten wollen *Fuchs & Funke* (2009) mit ihren feldexperimentellen Studien zu mehr Akzeptanz des Einsatzes audiovisueller Elemente in web-basierten Fragebögen verhelfen. Gemäß der Autoren ist nämlich davon auszugehen, dass die Verwendung von Videos als Befragungsmedium gegenüber rein schriftlichen Off- und Online-Befragungen zu einem vollständigerem Frageverständnis und mehr Aufmerksamkeit seitens des Befragten führt, sodass möglicherweise eine bessere Datenqualität generiert werden kann (Fuchs/Funke 2009: 161).

Für ihre Untersuchung haben *Fuchs & Funke* (2009) zwei Online-Befragungen mit jeweils klassisch text-gestütztem und neuem videointegriertem Fragedesign ins Feld gegeben. Sie wollten messen, wie die Versuchsteilnehmer auf den neuartigen Kommunikationskanal beziehungsweise die Videoanimierte Präsenz des Interviewers reagieren und ob diese den Frage-Antwort-Prozess gegenüber dem rein text-basierten Kanal mit geringerer Ausprägung an *Satisficing* durchlaufen. Hinsichtlich der Datengüte wurde ermittelt, ob und inwiefern die multimedialen Elemente, die aus interviewer-administrierten Befragungen bekannten Antwortfehler herbeigeführt werden (Fuchs/Funke 2009: 162). *Fuchs & Funke* (2009) stellen nämlich die Hypothese auf, dass der Befragte der video-animierten Person menschliche Fähigkeiten zuschreibt, sodass diese Methode Eigenarten eines Face-to-Face Interviews annimmt. Demnach prüfen sie die Kaskade der *soziale Präsenz,* die *sozialer Erwünschtheit* auslöst und in heiklen Fragesituationen *Underreportings* provoziert (Fuchs/Funke 2009: 163).

3.1 Experiment I + II

Im ersten Experiment wurden 918 Studierenden eines Online-Panels der Universität Kassel randomisiert zu einer von zwei digitalen Fragebogenversionen eingeladen. Zentraler Inhalt beider Fassungen war der Konsum von *Alkohol, Nikotin* und *illegalen Drogen.* In der ersten Fassung wurden die Frageelemente in Gänze schriftlich nach dem „One-Question-Per-Page-Ansatz" umgesetzt, während die Fragen in der zweite Fassung inhaltsgleich sowie in identischer Reihenfolge durch die Gestalt einer Interviewerin in Videos[1] wiedergegeben wurden. Einzig die auszuwählenden Antwortmöglichkeiten wurden analog zur anderen Version schriftlich abgebildet (Fuchs/Funke 2009: 163).

Das Fragebogenkonstrukt zu den eben erwähnten sensitiven Themen wurde angereichert durch Skalen zur Messung der *sozialen Erwünschtheit,* der *sozialen Präsenz* sowie der *persönlichen Einbindung* (Involvement) in die Untersuchung.

Ausgehend von den jeweils 459 Studierenden (n=918) haben letztlich in der traditionell textbasierten Online-Befragung 51 Prozent und in der multimedialen Web-Befragung lediglich 44 Prozent teilgenommen. Den Autoren zufolge ist dies vermutlich der Ankündigungs-E-Mail geschuldet, in der die Video-Befragten explizit auf das Einsetzen von Videoclips hingewiesen wurde (Fuchs/Funke 2009: 165). Es kann angenommen werden, dass die Studierenden nicht über die technischen Voraussetzungen verfügten oder aber an einem Ort waren, an dem sie sich fürchteten so heikle Themen und Inhalte abzuspielen.

---

[1] Zur Wiedergabe der Videos musste lediglich der weit verbreitete Flash-Player vorhanden sein. Dazu wurde zu Beginn der Befragung mittel einer Testseite überprüft, ob der Teilnehmer die technischen Voraussetzungen erfüllt (Fuchs/Funke 2009: 164).

Die Annahmen können zwar nicht nachgewiesen werden, dennoch lässt sich deutlich feststellen, dass die Video-Befragten eher private Umgebungen bevorzugten gegenüber der text-basierten Befragung (ebd. 2009: 165).

Das zweite Experiment hatte auf Basis der Erkenntnis der vorangegangenen Untersuchung ein deutlich aufwändigeres Design. Erneut wurden Teilnehmer desselben Online-Panels zu einer Befragung rekrutiert, wobei diesmal ein Sample mit 880 Personen erreicht wurde. Unter dem Thema *Partnerschaft und Sexualität* wurden die Studierenden zur Teilnahme eingeladen allerdings ohne auf den Einsatz von Videos hingewiesen zu werden, um mode-spezifischen-Response zu vermeiden. Der Anreiz zur Mitwirkung am Experiment wurde zusätzlich durch ein Gewinnspiel verstärkt. Insgesamt erzielten die Autoren eine zufriedenstellende Beteiligungsrate (ebd. 2009: 165).

Die Studierenden beantworteten vorab einige einführende Fragen ehe sie auf technische Voraussetzungen für das Abspielen und Hören von Videos überprüft wurden. Anschließend wurden sie auf eine von 14 Fragebogenvarianten geleitet, wovon zwei reine Textversionen eingesetzt wurden, die als Kontrollgruppe fungierten. Die übrigen 12 Versionen unterschieden sich hinsichtlich des Interviewer-Geschlechts. Davon wurden nur vier vollständig videobasiert erhoben. Die verbleibenden Versionen wurden entweder nur im ersten Teil oder im zweiten Teil je mit Video- oder Textelementen durchgeführt (Text – Video oder Video – Text). Darüber hinaus wurde versucht bestimmte Messfehler nochmals durch unterschiedliche Fragereihenfolgen und Antwortreihenfolgeneffekte zu reduzieren.

Durch diese komplexe Design konnten über die Befragteneffekte der *sozialen Erwünschtheit* und *sozialen Präsenz*, die durch Skalen gemessen wurden, auch verschiedene Instrumenteneffekte innerhalb der eingesetzten Methoden (Video und Text) kontrolliert und verglichen werden.

3.2 Ergebnisse I + II

Entgegen ihrer Erwartungen fällt die gemessene *soziale Präsenz* im ersten Experiment der videounterstützten Online-Befragung überraschenderweise signifikant geringer aus gegenüber der textbasierten Version. Hinzu kommt das gemessene *Involvement*, sprich die innere Anteilnahme und persönliche Einbindung des Befragten, die nur hinsichtlich eines Items einen signifikanten Effekt zugunsten videogestützter Befragungen ergibt. Die Ergebnisse deuten sogar widererwartend darauf hin, dass kognitive Anteilnahme der Befragten mit rein textbasierenden Fragen leicht höher ausgeprägt ist (Fuchs/Funke 2009: 168).

Nicht zuletzt zeigt auch die Auswertung der *sozialen Erwünschtheit,* ein zu den Erwartungen disharmonisches Ergebnis. Lediglich eines der vier Items ergibt einen signifikanten Unterschied zugunsten der videogestützten Web-Befragung.

Diese vorläufigen Ergebnisse zeigen in Summe auf, dass der Einsatz eines Video-Interviewers nicht signifikant die Messwerte, hinsichtlich des *sozial erwünschten* Antworterhaltens belastet oder die kognitive Aufmerksamkeit steigert.

Auch die Ergebnisse des zweiten Experiments decken sich nicht hinreichend mit den Erwartungen der Autoren.

Hinsichtlich der *sozialen Präsenz* haben *Fuchs & Funke* (2009) unter zur Hilfenahme der Dimensionen von *co-presence* und *perceived message understanding* keine signifikante Differenz zwischen beiden Fragemethoden feststellen können, beziehungsweise für die Teilnehmer der video-unterstützten Befragung bei der Mehrzahl der Items eine *höchstsignifikante* geringere Zustimmung als die Befragten der Textversion erhalten. Insgesamt resultiert, dass die Teilnehmer der videogestützten Befragung die Befragung in geringem Ausmaß als reale Interviewsituation empfanden.

In einem weiteren Schritt wurde die *soziale Erwünschtheit* gemessen, die ebenfalls keinen signifikanten Effekt zwischen den Befragungsformen erreichte. So kann das Argument der Kausalkette von der *sozialen Präsenz,* die zu höherer *sozialer Erwünschtheit* und in Folge ein *Underreporting* bedingt nicht gehalten werden (Fuchs/Funke 2009: 174).

Dennoch sollen auch die Frageeffekte bezüglich ihrer Sensitivität auf heikle Themen überprüft werden. Erwartet wurden größere Häufigkeiten im Falle positiv bewerteter Verhaltensweisen und *Underreporting* bei negativ bewerteten Handlungsweisen in der video-gestützten Befragung. Letztlich zeigen sich keine statistisch signifikanten Unterschiede in der Häufigkeit, mit der die Befragten die Verhaltensweisen berichten.

4 Experiment im Seminar

Diese Studie wurde jüngst im Juni 2013 im Auftrag von Stephan Schlosser im Rahmen des Seminars „Erhebungsmethoden" gemeinsam mit einer Studierendengruppe erhoben. In Anlehnung an *Fuchs & Funke* (2009) wurden hier speziell die Video- sowie Audiogestützten Befragungsformen in Web-Befragungen untersucht.

Dabei bezieht sich die Forschungsgruppe ebenfalls auf die vorangegangenen Erläuterungen zu den Methodeneffekten der *sozialen Erwünschtheit,* der *sozialen Präsenz* sowie dem *Satisficing-Modell.* Sie leiten daraus die folgenden drei Forschungshypothesen ab:

<u>H1:</u> *Die Verwendung von Video- und Audio-Fragen führt zu einem geringeren Satisficing der Befragten und damit zu einer geringeren Abbruchrate.*

<u>H2:</u> *Wird die soziale Präsenz im Interview durch die Verwendung von Video- und Audio-Fragen erhöht antworten die Befragten eher sozial erwünscht, als bei herkömmlichen Text-Fragen.*

<u>H3:</u> *Das Geschlecht der Interviewer hat Auswirkungen auf das Antwortverhalten von weiblichen und männlichen Befragten.*

Zur Untersuchung dieser potentiellen Zusammenhänge wurde ein Gesamtsample mit 6036 Studierenden der Universität Göttingen zwei Mal per E-Mail angeschrieben und gebeten an einer Umfrage zur Untersuchung des Zusammenlebens ins Deutschland unter Studierenden teilzunehmen. Dabei wurden vordergründig Einstellungen zu den sensitiven Themen: *Fremdenfeindlichkeit, Antisemitismus* und *Homophobie* mittels eines fünffachen Split-Ballot Designs erhoben.

Folglich wurden die Probanden auf eine text-, audio- oder videobasierte Web-Befragung geleitet. Hinsichtlich der letzten beiden Erhebungsinstrumente wurde in eine männliche und weibliche Interviewer-Stimme beziehungsweise Interviewer-Erscheinung differenziert.

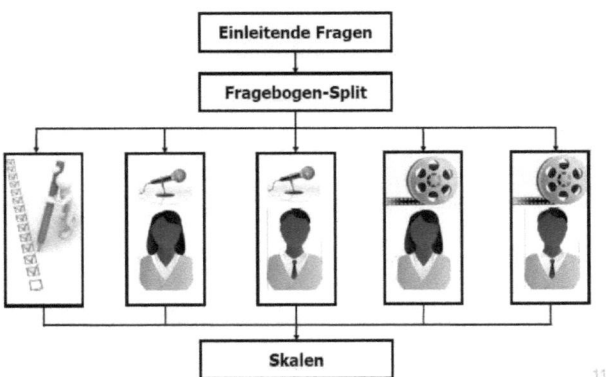

Abbildung 4: Experimentelles Design der Datenerhebung (Schlosser 2013: 11)

Vor der eigentlichen Befragung wurden einleitend persönliche Informationen (Geschlecht, Religion) sowie Einstellungen zur wirtschaftlichen Lage Deutschlands und eine damit einhergehende Einschätzung über das aktuelle Krisenmanagements der Regierung abgefragt. In die eigentliche Thematik der Untersuchung eingeführt, wurde mit Fragen zum religiösen Fundamentalismus, zu autoritärer Aggression und sozialer Dominanzorientierung. Abschließend wurden Skalen zur Selbst- und Fremdtäuschung sowie zum Involvement getestet.

4.1 Ergebnisse

Erhoben und ausgewertet wurden Antworten von letztlich 576 Teilnehmenden.

Aus den gewonnen Ergebnissen geht hervor, dass *Hypothese 1 „Optimizing-Satisficing geringere Abbruchrate"* nicht angenommen werden kann. So kommt es bei den Experimentgruppen der Video- und Audio-basierten Befragungen zu doppelt so hohen Abbruchraten, als im rein textbasierten Kanal. Davon konnten etwa 11% der Befragten die Video- und Audio-Fragen nicht abspielen.

Auch hinsichtlich der *Hypothese 2 „Soziale Präsenz - Soziale Erwünschtheit"* resultieren schiefe Verteilungen zwischen den eingesetzten Instrumenten sowie keine Unterscheidungen und nur geringe Signifikanzniveaus, sodass auch diese Hypothese nicht angenommen werden kann.

N	Mittelwert			F	Signifikanz	T	df	Sig. (2-seitig)	Mittlere Differenz
172	2,3227	INDEX SE Selbsttäuschung 'ohne außergewöhnlich' mean	Varianzen sind gleich	,167	,683	2,407	572	,016	,11369
402	2,2040		Varianzen sind nicht gleich			2,450	336,666	,015	,11369
172	2,1618	INDEX SE Fremdtäuschung mean	Varianzen sind gleich	1,129	,288	,174	570	,862	,00786
400	2,1540		Varianzen sind nicht gleich			,170	307,173	,865	,00786
172	2,0334	INDEX Einbeziehung Fragebogen mean	Varianzen sind gleich	,006	,938	1,308	573	,191	,06645
403	1,9690		Varianzen sind nicht gleich			1,306	322,178	,192	,06645

Abbildung 5: Mittelwertvergleich Text-Fragen gegenüber Audio- und Video-Fragen (Schlosser 2013: 14)

Die *Hypothese 3 „Soziale Präsenz Soziale Erwünschtheit Geschlecht"* kann teilweise bestätigt werden. Nur bei dem männlichen Interviewer resultierten annehmbare Irrtumswahrscheinlichkeiten von 5-10% bei den Items zur *Selbsttäuschung*.

	Text-Audio				Text-Video			
	Text - Audio-Weiblich		Text - Audio-Männlich		Text - Video-Weiblich		Text - Video-Männlich	
	Frauen	Männer	Frauen	Männer	Frauen	Männer	Frauen	Männer
Index Fremdenfeindlichkeit mean	n. sig.	n. sig.	n. sig.	n. sig.	n. sig.	n. sig.	n. sig.	n. sig.
Index Homophobie mean	n. sig.	n. sig.	sig. 5%	n. sig.	n. sig.	n. sig.	n. sig.	n. sig.
Index Antisemitismus mean	n. sig.	n. sig.	n. sig.	n. sig.	n. sig.	n. sig.	n. sig.	sig. 10%
INDEX SE Selbsttäuschung mean	n. sig.	sig. 1%	n. sig.	sig. 10%	n. sig.	sig. 10%	n. sig.	sig. 5%
INDEX SE Fremdtäuschung mean	n. sig.	n. sig.	n. sig.	n. sig.	n. sig.	n. sig.	n. sig.	n. sig.
INDEX Einbeziehung Fragebogen mean	n. sig.	n. sig.	n. sig.	sig. 10%	sig. 5%	n. sig.	n. sig.	n. sig.

Abbildung 6: Mittelwertvergleich Text-Audio und Text-Video - Frauen und Männern (Schlosser 2013: 20)

5 Fazit

Abschließend lässt sich zusammentragen, dass es in der Studie von *Fuchs & Funke* (2009) als auch in unserem Experiment zu keinen bis wenig haltbaren Nachweisen gekommen ist, dafür das eine multimediale Online-Befragung einen signifikanten Einfluss auf das Antwortverhalten hat. Die angenommene theoretische Kausalkette, ausgehend von einem Zusammenhang der digitalen Anwesenheit des Interviewers und dem verstärkten Effekt der *sozialen Präsenz* sowie einer erhöhten *sozialen Erwünschtheit* und dem damit einhergehenden *Underreporting* der Antworten bei sensitiven Fragen, konnte empirisch nicht bestätigt werden.

Beide Studien haben letztlich ein ähnliches Versuchsdesign und Untersuchungsziel. Bis auf die Größe des Samples, die Operationalisierung unterschiedlicher heikler Frage-Konstrukte („Illegale Drogen, Alkohol, Sexualverhalten" versus „Geschlechterbezogene Menschenfeindlichkeit") und die Hinzunahme einer zweiten medialen Größe in Form von Audio-Elementen auf Seiten des Seminar-Experiments, gibt es de facto kaum Unterschiede. Zu beachten sei dennoch, dass die Experimente von *Fuchs & Funke* (2009) deutlich komplexer in der Vorbereitung und Ausführung sind, als es die Studie im Rahmen unseres Seminars sein konnte.

Es scheint nun möglich, dass in beiden Studien ähnliche Durchführungsfehler unterlaufen sind. Zu nennen sei in jedem Fall die Auswahl eines Samples von jungen Studierenden, sprich einer überdurchschnittlich jungen, gebildeten und interneterfahrenen Population, die sich nicht ohne weiteres auf die Gesamtbevölkerung übertragen lassen.

Vor allem mit den ausgewählte Items zu *Alkohol, illegalen Drogen* und *Sexualverhalten*, um *soziale Erwünschtheit* zu produzieren sind fraglich, da diese junge Population eventuell toleranter und ungezwungener damit umgeht. Unter dem eingangs erwähnten Aspekt, dass die Internetreichweite weiter ansteigt, sind auch Repräsentanten älterer Jahrgänge heranzuziehen.

Darüber hinaus weisen *Fuchs & Funke* (2009) im Anschluss an die Ergebnisse darauf hin, dass die unterschiedlichen subjektiven Vergleichsmaßstäbe der Befragungsformen hinsichtlich der Messung *sozialer Präsenz* ein Problem bereitet haben und daran gearbeitet werden muss, dass die Befragten in den verglichenen Instrumenten vor dem Hintergrund weitestgehend identischer Vergleichsmaßstäbe beurteilen (Fuchs/Funke 2009: 172).

Die Frage ob ein multimediales Instrument also eine adäquate Befragungsalternative darstellt lässt sich empirisch mit den vorliegenden Studien leider nicht belegen.

Nichtsdestotrotz sollten weitere Bemühungen um die Erforschung des neuen Instruments stattfinden, vor allem unter Berücksichtigung der Ergebnisse von *Nass et. al* (2005) die sehr wohl Effekte im Antwortverhalten bei Audio-Elementen nachweisen konnten.

Auch *Fuchs & Funke* (2009) stellen im Nachtrag das besondere Merkmal einer intensiveren Wahrnehmung und kognitiven Verarbeitung der administrierten Fragen von Video- gegenüber reinen textbasierten Befragungen heraus, die sich als Anhaltspunkte für nachfolgende Forschungen und die Annahme auf „Richtigkeit" einer alternativen Verwendung multimedialer Modelle eignen (Fuchs/Funke 2009: 176).

6 Literaturverzeichnis

Fuchs, M./ Funke, F. (2009): Die Video-unterstützte Online-Befragung. Soziale Präsenzsoziale Erwünschtheit und Underreporting sensitiver Informationen. In: Jackob, n./ Schoen, H./ Zerback, T. (Hrsg): Sozialforschung im Internet. Methodologie und Praxis der Online-Befragung. Wiesbaden: VS Verlag für Sozialwissenschaften, 159-180.

Jankisz, E./ Moosbrudder, H./ Brandt, H.: Planung und Entwicklung von Tests und Fragebogen. In: Moosbrugger, H. /Kelava, A.: (Hrsg): Testtheorie und Fragebogenkonstruktion. Berlin: Springer-Verlag, S. 27-72.

Kiesler, S. Sproull, L. (1986): Reducing Social Context Cues. Electronic Mail in Organizational Communication. In: Management Science, Jg. 32, Heft 11, S. 1492–1512.

Kluckhohn, Clyde (1951): Values and Value Orientations in the Theory of Action. An Exploration in Definition and Classification. In: Parsons, T. (Hrsg.): Theory of Action. Cambridge: Harvard University Press, 388-433.

Mayer, Horst Otto (2013): Interviews und schriftliche Befragung. Grundlagen und Methoden empirischer Sozialforschung. München: Oldenbourg Wissenschaftsverlag GmbH.

Nass, C./ Brave, C. (2005): Wired for Speech. How Voice Activates and Advances the Human-Computer Relationship. Cambridge: MIT Press.

Podsakoff, P./ MacKenzie, S./ Lee, J. (2003): Common method biases in behavioral research. A critical review oft he literature and recommended remedies. Journal of Applied Psychology, Jg. 88, Heft 5, S. 879-903.

Popitz, Heinrich (1980): Die normative Konstruktion von Gesellschaft. Tübingen: Mohr Siebeck.

Smyth, J./ Pearon, J. (2011): Internet Survey Methods. A Review of Strengths, Weaknesses, and Innovations. In: Das, M./ Ester, P./ Kaczmirek, L. (Hrsg): Social and Behavioral Research and the Internet. Advances in Applies Methods and Research Strategies. New York: Taylor and Francis Group, S. 11-39.

Schnell, Rainer (2012): Survey-Interviews. Methoden standardisierter Befragungen. Wiesbaden: VS Verlag für Sozialwissenschaften.

Schlosser, Stephan (2013): Seminar Erhebungsmethoden, Vorlesungsskript.

Taddicken, Monika (2008): Methodeneffekte bei Web-Befragungen. Einschränkungen der Datengüte durch ein reduziertes Kommunikationsmedium. Köln: Herbert von Halem Verlag.

Taddicken, Monika (2013): Online-Befragung. In: Möhring, W./ Schlütz, D. (Hrsg.): Handbuch standardisierte Erhebungsverfahren in der Kommunikationswissenschaft. Wiesbaden, S. 201-217.

7 Abbildungsverzeichnis